MW01288497

HAZME UNA LISTA

Abuelo

LISTA y LISTO

EDICIONES

Querido Abuelo,

este libro es un regalo MUY ESPECIAL que necesita SER ESCRITO POR TI, con todas las cosas que alguna vez me has explicado y otras nuevas que no se sobre tu vida, tu pasado, tus experiencias... Nos ayudará a que todos esos recuerdos queden escritos para siempre de una manera original.

El formato EN LISTAS hará más fácil la tarea. En cada página hay un enunciado diferente en el que deberías escribir. Si alguna te parece complicada, no importa, simplemente déjala en blanco. Las páginas en negro estan destinadas a fotos o recuerdos que quieras incluir.

Al final del libro encontrarás algunas páginas reservadas para mi, las responderé yo, así podremos comparar nuestras respuestas cuando me lo devuelvas completo. ¡Será divertido!

Con todas estas listas, formaremos la historia de tu vida, tus sentimientos, deseos y momentos, que te han convertido en el mejor abuelo del mundo para mi.

Espero que disfrutes escribiendo, para convertir así este libro en un valioso legado de tus memorias para mí y para toda nuestra familia.

. . . .

. . . .

. . . .

Tu mejor foto

Familia

SIGNIFICA

que nadie se queda atrás o se olvida.

David Ogden Stiers.

¡Empezamos!

Hoy día . . . . de . . . . en . . . .

YO . . . .

te entrego a ti, abuelo, este libro, para que una vez escrito me lo devuelvas completo y pueda guardarlo como legado para toda nuestra familia.

TUS DATOS

TU NOMBRE COMPLETO . . . .

. . . .

FECHA Y HORA DE TU NACIMIENTO . . . .

. . . .

LUGAR DE NACIMIENTO . . . .

. . . .

PESO Y ESTATURA AL NACER . . . .

EDAD ACTUAL . . . .

GRUPO SANGUÍNEO . . . .

(Escribe junto a cada nombre su fecha de nacimiento / fallecimiento si la recuerdas)

NOMBRE DE TU MADRE ....

....

NOMBRE DE TU PADRE ....

....

HERMANOS Y PRIMOS ....

....

....

....

....

....

TU ABUELA MATERNA ....

....

TU ABUELO MATERNO ....

....

(Escribe junto a cada nombre su fecha de nacimiento / fallecimiento si la recuerdas)

TU ABUELA PATERNA . . . .

. . . .

TU ABUELO PATERNO . . . .

. . . .

NOMBRE DE TUS BISABUELOS MATERNOS

La madre de tu abuela materna . . . .

El padre de tu abuela materna . . . .

La madre de tu abuelo materno . . . .

El padre de tu abuelo materno . . . .

NOMBRE DE TUS BISABUELOS PATERNOS

La madre de tu abuela paterna . . . .

El padre de tu abuela paterna . . . .

La madre de tu abuelo paterno . . . .

El padre de tu abuelo paterno . . . .

Marca las casillas que más te describen

☐ Obediente	☐ Tozudo	☐ Humilde
☐ Serio	☐ Alegre	☐ Cambiante
☐ Social	☐ Solitario	☐ Bromista
☐ Racional	☐ Impulsivo	☐ Equilibrado
☐ Activo	☐ Tranquilo	☐ Nervioso
☐ Moderno	☐ Clásico	☐ Despreocupado
☐ Organizado	☐ Caótico	☐ Trabajador
☐ Entusiasta	☐ Soñador	☐ Imaginativo
☐ Perfeccionista	☐ Cumplidor	☐ Constante
☐ Generoso	☐ Práctico	☐ Lógico
☐ Sentimental	☐ Cariñoso	☐ Conciliador
☐ Tozudo	☐ Orgulloso	☐ Simpático
☐ Reservado	☐ Rencoroso	☐ Independiente

Marca las casillas con las que más te identificas

- [ ] Hablar — [ ] Escuchar
- [ ] Volar — [ ] Bucear
- [ ] Naranja — [ ] Limón
- [ ] Vino — [ ] Cerveza
- [ ] Día — [ ] Noche
- [ ] Playa — [ ] Montaña
- [ ] Verano — [ ] Invierno
- [ ] Derecha — [ ] Izquierda
- [ ] Salado — [ ] Dulce
- [ ] Carne — [ ] Pescado
- [ ] Corazón — [ ] Razón
- [ ] Mar — [ ] Piscina
- [ ] Gato — [ ] Perro

Si fueras un animal ¿Qué animal serías? ....

....

y si fueras un oficio ....

....

Un vehículo ....

Un baile ....

Una comida ....

Una fruta ....

Un programa de televisión ....

Un dibujo animado ....

Un calzado ....

Un paisaje ....

Un instrumento musical ....

Un invento ....

Un super héroe

Un villano

Una parte del cuerpo humano

Un hecho histórico

Un olor

Un sabor

Un sentimiento

Un sentido

Un movimiento artístico

Un insecto

Un objeto

Un color

Una enfermedad

Un pecado capital

Seguramente
dos de las EXPERIENCIAS
más satisfactorias
de la VIDA son ser

Nieto

o ser

Abuelo

Donald A Norberg

Tu infancia y juventud

Foto de infacia

Con tus padres

En toda manera concebible,

la Familia

es un ENLACE
a nuestro pasado,
un PUENTE al futuro.

Alex Haley

LISTA DE...

Nombres o apodos con los que te han llamado.

1 . . . .

2 . . . .

3 . . . .

4 . . . .

5 . . . .

LISTA DE...

Tus juegos y juguetes preferidos.

1 . . . .

2 . . . .

3 . . . .

4 . . . .

5 . . . .

LISTA DE...

Tus golosinas, dulces y comidas favoritas en la infancia
(sabor de helado preferido, postre, bollería, pasteles, etc...).

1 . . . .

2 . . . .

3 . . . .

4 . . . .

5 . . . .

LISTA DE...

Super héroes o personages de ficción que admirabas.

1 . . . .

2 . . . .

3 . . . .

4 . . . .

5 . . . .

LISTA DE...

Los primeros recuerdos o las imágenes más antiguas que guardas en tu mente.

LISTA DE...

Los momentos con tus padres que recuerdas con más cariño.

LISTA DE...

Tus peores travesuras y sus castigos correspondientes.

LISTA DE...

Deportes y aficiones que practicabas de niño.

. . . .

. . . .

. . . .

. . . .

. . . .

. . . .

. . . .

. . . .

. . . .

. . . .

. . . .

. . . .

. . . .

LISTA DE...

Hechos históricos que marcaron tu infacia.

LISTA DE...

Tus miedos infantiles.

. . . .

. . . .

. . . .

. . . .

. . . .

. . . .

. . . .

. . . .

. . . .

. . . .

. . . .

. . . .

. . . .

LISTA DE...

Los deseos que tenías de niño.

. . . .

. . . .

. . . .

. . . .

. . . .

. . . .

. . . .

. . . .

. . . .

. . . .

. . . .

. . . .

. . . .

LISTA DE...

Los sabores y olores de tu infancia que más vívidamente recuerdas.

LISTA DE...

Colegios a los que fuiste.

1 . . . .

2 . . . .

3 . . . .

4 . . . .

5 . . . .

LISTA DE...

Profesores que más te influyeron.

1 . . . .

2 . . . .

3 . . . .

4 . . . .

5 . . . .

LISTA DE...

Excursiones y salidas escolares o familiares que recuerdas.

. . . .

. . . .

. . . .

. . . .

. . . .

. . . .

. . . .

. . . .

. . . .

. . . .

. . . .

. . . .

. . . .

LISTA DE...

Las cosas que te hubiese gustado cambiar de la educación que recibiste.

. . . .

. . . .

. . . .

. . . .

. . . .

. . . .

. . . .

. . . .

. . . .

. . . .

. . . .

. . . .

. . . .

LISTA DE...

Las cosas de las que te sientes más orgulloso de la forma en la que fuiste criado.

. . . .

. . . .

. . . .

. . . .

. . . .

. . . .

. . . .

. . . .

. . . .

. . . .

. . . .

. . . .

. . . .

LISTA DE...

Los momentos de tu infancia a los que te gustaría volver.

. . . .

. . . .

. . . .

. . . .

. . . .

. . . .

. . . .

. . . .

. . . .

. . . .

. . . .

. . . .

. . . .

LISTA DE...

Tus familiares preferidos o con los que tienes mejores recuerdos.

. . . .

. . . .

. . . .

. . . .

. . . .

. . . .

. . . .

. . . .

. . . .

. . . .

. . . .

. . . .

. . . .

LISTA DE...

Los momentos más divertidos con hermanos o primos.

LISTA DE...

Los momentos más tiernos con tus abuelos.

. . . .

. . . .

. . . .

. . . .

. . . .

. . . .

. . . .

. . . .

. . . .

. . . .

. . . .

. . . .

. . . .

LISTA DE...

Direcciones dónde has vivido o has ido de vacaciones regularmente.

. . . .

. . . .

. . . .

. . . .

. . . .

. . . .

. . . .

. . . .

. . . .

. . . .

. . . .

. . . .

. . . .

LISTA DE...

Mejores amigos en la infancia.

1 . . . .

2 . . . .

3 . . . .

4 . . . .

5 . . . .

LISTA DE...

Mejores amigos en la adolescencia y primera juventud.

1 . . . .

2 . . . .

3 . . . .

4 . . . .

5 . . . .

LISTA DE...

Tus complejos de adolescente.

. . . .

. . . .

. . . .

. . . .

. . . .

. . . .

. . . .

. . . .

. . . .

. . . .

. . . .

. . . .

. . . .

LISTA DE...

Locuras que has cometido de joven.

. . . .

. . . .

. . . .

. . . .

. . . .

. . . .

. . . .

. . . .

. . . .

. . . .

. . . .

. . . .

. . . .

LISTA DE...

Tus momentos más divertidos con los amigos.

. . . .

. . . .

. . . .

. . . .

. . . .

. . . .

. . . .

. . . .

. . . .

. . . .

. . . .

. . . .

. . . .

LISTA DE...

Actividades que solías hacer antes de tener pareja.

. . . .

. . . .

. . . .

. . . .

. . . .

. . . .

. . . .

. . . .

. . . .

. . . .

. . . .

. . . .

. . . .

LISTA DE...

Tus diferentes trabajos u ocupaciones.

LISTA DE...

Los recuerdos laborales más estimulantes.

LISTA DE...

Otros momentos destacables de tu infancia o juventud.

. . . .

. . . .

. . . .

. . . .

. . . .

. . . .

. . . .

. . . .

. . . .

. . . .

. . . .

. . . .

. . . .

Los

Abuelos

al igual que los HÉROES,
son tan necesarios
para el crecimiento
de los niños como

Las

Vitaminas

Joyce Allston

Amor

¿Qué puedes hacer
para promover la paz mundial?

Ve a casa y ama a

tu
Familia

Madre Teresa de Calcuta

LISTA DE...

Novias, enamoramientos o amores platónicos.

LISTA DE...

Locuras que has hecho por amor.

1 . . . .

2 . . . .

3 . . . .

4 . . . .

5 . . . .

LISTA DE...

Las cosas más bonitas que han hecho por ti.

1 . . . .

2 . . . .

3 . . . .

4 . . . .

5 . . . .

LISTA DE...

Motivos por los que escogiste a la abuela para ser tu pareja.

. . . .

. . . .

. . . .

. . . .

. . . .

. . . .

. . . .

. . . .

. . . .

. . . .

. . . .

. . . .

. . . .

LISTA DE...

Actividades que solías hacer con la abuela antes de tener hijos.

. . . .

. . . .

. . . .

. . . .

. . . .

. . . .

. . . .

. . . .

. . . .

. . . .

. . . .

. . . .

. . . .

LISTA DE...

Cualidades que crees que ha de tener una buena pareja.

. . . .

. . . .

. . . .

. . . .

. . . .

. . . .

. . . .

. . . .

. . . .

. . . .

. . . .

. . . .

. . . .

LISTA DE...

Los principales consejos para ser feliz en pareja según tu experiencia.

. . . .

. . . .

. . . .

. . . .

. . . .

. . . .

. . . .

. . . .

. . . .

. . . .

. . . .

. . . .

. . . .

LISTA DE...

Primeras reacciones ante la noticia de convertirte en abuelo.

. . . .

. . . .

. . . .

. . . .

. . . .

. . . .

. . . .

. . . .

. . . .

. . . .

. . . .

. . . .

. . . .

LISTA DE...

Recuerdos de los primeros momentos como padre.

. . . .

. . . .

. . . .

. . . .

. . . .

. . . .

. . . .

. . . .

. . . .

. . . .

. . . .

. . . .

. . . .

LISTA DE...

Lo más bonito de tener nietos.

. . . .

. . . .

. . . .

. . . .

. . . .

. . . .

. . . .

. . . .

. . . .

. . . .

. . . .

. . . .

. . . .

LISTA DE...

Diferencias entre tú "como padre" y tú "como abuelo".

. . . .

. . . .

. . . .

. . . .

. . . .

. . . .

. . . .

. . . .

. . . .

. . . .

. . . .

. . . .

. . . .

LISTA DE...

Advertencias que le harías a un padre o a un abuelo primerizo.

. . . .

. . . .

. . . .

. . . .

. . . .

. . . .

. . . .

. . . .

. . . .

. . . .

. . . .

. . . .

. . . .

Nadie puede hacer más
por los niños
que lo que hacen

los Abuelos

Ellos espolvorean
POLVO DE ESTRELLAS
sobre la vida de
los niños pequeños.

Alex Haley

Lo que te hace
Diferente

Una
Familia
Feliz

es una larga conversación
que siempre parece
DEMASIADO CORTA.

Andre Maurois

LISTA DE...

Alimentos que te sientan mal o te producen intolerancia.

1 . . . .

2 . . . .

3 . . . .

4 . . . .

5 . . . .

LISTA DE...

Alimentos que no te gustan.

1 . . . .

2 . . . .

3 . . . .

4 . . . .

5 . . . .

LISTA DE...

Platos que más te gustan (alguno que sepas cocinar)

. . . .

. . . .

. . . .

. . . .

. . . .

. . . .

. . . .

. . . .

. . . .

. . . .

. . . .

. . . .

. . . .

RECETA

¿Puedes escribir la receta de alguno?

LISTA DE...

Tus puntos débiles a nivel físico o dolores más comunes.

1 . . . .

2 . . . .

3 . . . .

4 . . . .

5 . . . .

LISTA DE...

Enfermedades que has pasado.

1 . . . .

2 . . . .

3 . . . .

4 . . . .

5 . . . .

LISTA DE...

Esas cosas por las que has sido criticado.

. . . .

. . . .

. . . .

. . . .

. . . .

. . . .

. . . .

. . . .

. . . .

. . . .

. . . .

. . . .

. . . .

LISTA DE...

Países y lugares que has visitado. ¿Cuándo y con quién?

LISTA DE...

Los mejores libros que has leído.

1 . . . .

2 . . . .

3 . . . .

4 . . . .

5 . . . .

LISTA DE...

Las películas que más te han marcado.

1 . . . .

2 . . . .

3 . . . .

4 . . . .

5 . . . .

LISTA DE...

Tus muletillas graciosas y expresiones comunes.

1 . . . .

2 . . . .

3 . . . .

4 . . . .

5 . . . .

LISTA DE...

Palabras que más repites.

1 . . . .

2 . . . .

3 . . . .

4 . . . .

5 . . . .

LISTA DE...

Tus temas de conversación favoritos.

. . . .

. . . .

. . . .

. . . .

. . . .

. . . .

. . . .

. . . .

. . . .

. . . .

. . . .

. . . .

. . . .

LISTA DE...

Los refranes o dichos con los que estás más de acuerdo.

. . . .

. . . .

. . . .

. . . .

. . . .

. . . .

. . . .

. . . .

. . . .

. . . .

. . . .

. . . .

. . . .

LISTA DE...

Sensaciones, olores, colores, sabores y sonidos favoritos.

. . . .

. . . .

. . . .

. . . .

. . . .

. . . .

. . . .

. . . .

. . . .

. . . .

. . . .

. . . .

. . . .

LISTA DE...

Cosas que nunca has tenido y te gustaría tener.

. . . .

. . . .

. . . .

. . . .

. . . .

. . . .

. . . .

. . . .

. . . .

. . . .

. . . .

. . . .

. . . .

LISTA DE...

Esas extrañas costumbres o manías que tienes.

. . . .

. . . .

. . . .

. . . .

. . . .

. . . .

. . . .

. . . .

. . . .

. . . .

. . . .

. . . .

. . . .

LISTA DE...

Números de teléfono que recuerdas de memoria.

1 . . . .

2 . . . .

3 . . . .

4 . . . .

5 . . . .

LISTA DE...

Cumpleaños que recuerdas de memoria.

1 . . . .

2 . . . .

3 . . . .

4 . . . .

5 . . . .

LISTA DE...

Esas canciones que sueles cantar.

1 . . . .

2 . . . .

3 . . . .

4 . . . .

5 . . . .

¿Puedes escribir la letra de alguna de ellas?.

. . . .

. . . .

. . . .

. . . .

. . . .

LISTA DE...

Cosas que te llevarías a una isla desierta.

. . . .

. . . .

. . . .

. . . .

. . . .

. . . .

. . . .

. . . .

. . . .

. . . .

. . . .

. . . .

. . . .

LISTA DE...

Los deseos que pedirías si te encontraras con el genio de la lámpara.

. . . .

. . . .

. . . .

. . . .

. . . .

. . . .

. . . .

. . . .

. . . .

. . . .

. . . .

. . . .

. . . .

LISTA DE...

Maneras en que gastarías el dinero si te tocase la lotería.

. . . .

. . . .

. . . .

. . . .

. . . .

. . . .

. . . .

. . . .

. . . .

. . . .

. . . .

. . . .

. . . .

LISTA DE...

Destinos a los que viajarías si tuvieras una máquina del tiempo.

LISTA DE...

Cosas locas que alguien debería inventar.

1 . . . .

2 . . . .

3 . . . .

4 . . . .

5 . . . .

LISTA DE...

Inventos que harías desaparecer.

1 . . . .

2 . . . .

3 . . . .

4 . . . .

5 . . . .

LISTA DE...

Super poderes que te gustaría tener.

1 . . . .

2 . . . .

3 . . . .

4 . . . .

5 . . . .

¿Para qué los usarías?.

. . . .

. . . .

. . . .

. . . .

. . . .

LISTA DE...

Cosas que salvarías de tu casa si estuviera en llamas.

. . . .

. . . .

. . . .

. . . .

. . . .

. . . .

. . . .

. . . .

. . . .

. . . .

. . . .

. . . .

. . . .

LISTA DE...

Cosas que harías si pudieras ser invisible.

. . . .

. . . .

. . . .

. . . .

. . . .

. . . .

. . . .

. . . .

. . . .

. . . .

. . . .

. . . .

. . . .

LISTA DE...

Esas cosas que nunca, bajo ningún concepto, harías por dinero.

. . . .

. . . .

. . . .

. . . .

. . . .

. . . .

. . . .

. . . .

. . . .

. . . .

. . . .

. . . .

. . . .

LISTA DE...

Famasos vivos o muertos con los que te gustaría tomar un café.

1 . . . .

2 . . . .

3 . . . .

4 . . . .

5 . . . .

LISTA DE...

Preguntas que les harías.

1 . . . .

2 . . . .

3 . . . .

4 . . . .

5 . . . .

LISTA DE...

En los malos momentos, esas pequeñas cosas o razones por las que vale la pena vivir.

. . . .

. . . .

. . . .

. . . .

. . . .

. . . .

. . . .

. . . .

. . . .

. . . .

. . . .

. . . .

. . . .

LISTA DE...

Cosas que crees te hacen único.

. . . .

. . . .

. . . .

. . . .

. . . .

. . . .

. . . .

. . . .

. . . .

. . . .

. . . .

. . . .

. . . .

Los

Nietos

son la maravillosa
COMPENSACIÓN
que Dios nos da
por ser viejos.

Mary H. Waldrip

Creencias y Sentimientos

No importa
lo pobre que sea
un hombre.
Si tiene familia

es Rico.

Dan Wilcox

LISTA DE...

Tus peores pérdidas o los momentos más tristes de tu vida.

. . . .

. . . .

. . . .

. . . .

. . . .

. . . .

. . . .

. . . .

. . . .

. . . .

. . . .

. . . .

. . . .

LISTA DE...

Los momentos en los que has pasado más miedo de tu vida.

. . . .

. . . .

. . . .

. . . .

. . . .

. . . .

. . . .

. . . .

. . . .

. . . .

. . . .

. . . .

. . . .

LISTA DE...

Las mentiras más grandes que has dicho. (Aunque sean piadosas)

. . . .

. . . .

. . . .

. . . .

. . . .

. . . .

. . . .

. . . .

. . . .

. . . .

. . . .

. . . .

. . . .

LISTA DE...

Los momentos más vergonzosos.

. . . .

. . . .

. . . .

. . . .

. . . .

. . . .

. . . .

. . . .

. . . .

. . . .

. . . .

. . . .

. . . .

LISTA DE...

Cosas que te hacen llorar.

. . . .

. . . .

. . . .

. . . .

. . . .

. . . .

. . . .

. . . .

. . . .

. . . .

. . . .

. . . .

. . . .

LISTA DE...

Esas cosas que te dan tanta rabia.

LISTA DE...

Las experiencias más increíbles o raras que has vivido.

LISTA DE...

Características que no soportas de los demás.

1 . . . .

2 . . . .

3 . . . .

4 . . . .

5 . . . .

LISTA DE...

Características que más admiras en una persona.

1 . . . .

2 . . . .

3 . . . .

4 . . . .

5 . . . .

LISTA DE...

Tus peores preocupaciones o las más recurrentes.

. . . .

. . . .

. . . .

. . . .

. . . .

. . . .

. . . .

. . . .

. . . .

. . . .

. . . .

. . . .

. . . .

LISTA DE...

Las decisiones más duras e importantes de tu vida.

. . . .

. . . .

. . . .

. . . .

. . . .

. . . .

. . . .

. . . .

. . . .

. . . .

. . . .

. . . .

. . . .

LISTA DE...

Las cosas más importantes que has aprendido.

. . . .

. . . .

. . . .

. . . .

. . . .

. . . .

. . . .

. . . .

. . . .

. . . .

. . . .

. . . .

. . . .

LISTA DE...

Tus mejores logros.
(Cosas que te costó conseguir pero que con esfuerzo lograste).

. . . .

. . . .

. . . .

. . . .

. . . .

. . . .

. . . .

. . . .

. . . .

. . . .

. . . .

. . . .

. . . .

LISTA DE...

Cosas de ti mismo en las que has mejorado mucho.

. . . .

. . . .

. . . .

. . . .

. . . .

. . . .

. . . .

. . . .

. . . .

. . . .

. . . .

. . . .

. . . .

LISTA DE...

Los golpes de suerte más importantes.

. . . .

. . . .

. . . .

. . . .

. . . .

. . . .

. . . .

. . . .

. . . .

. . . .

. . . .

. . . .

. . . .

LISTA DE...

Las personas que más te han influido.

. . . .

. . . .

. . . .

. . . .

. . . .

. . . .

. . . .

. . . .

. . . .

. . . .

. . . .

. . . .

. . . .

LISTA DE...

Cosas que te hacen reír sin parar.

LISTA DE...

Cosas que te relajan.

. . . .

. . . .

. . . .

. . . .

. . . .

. . . .

. . . .

. . . .

. . . .

. . . .

. . . .

. . . .

. . . .

LISTA DE...

Los momentos más divertidos de tu vida.

. . . .

. . . .

. . . .

. . . .

. . . .

. . . .

. . . .

. . . .

. . . .

. . . .

. . . .

. . . .

. . . .

LISTA DE...

Los momentos más felices de tu vida.

. . . .

. . . .

. . . .

. . . .

. . . .

. . . .

. . . .

. . . .

. . . .

. . . .

. . . .

. . . .

. . . .

LISTA DE...

Motivos por los que estás agradecido.

LISTA DE...

Cosas nuevas que te gustaría aprender.

. . . .

. . . .

. . . .

. . . .

. . . .

. . . .

. . . .

. . . .

. . . .

. . . .

. . . .

. . . .

. . . .

LISTA DE...

Cosas que haces a diario que no te gustan.

LISTA DE...

Cosas que haces normalmente y que te encanta hacer.

. . . .

. . . .

. . . .

. . . .

. . . .

. . . .

. . . .

. . . .

. . . .

. . . .

. . . .

. . . .

. . . .

LISTA DE...

Cosas que harías en tu día perfecto.

. . . .

. . . .

. . . .

. . . .

. . . .

. . . .

. . . .

. . . .

. . . .

. . . .

. . . .

. . . .

. . . .

LISTA DE...

Actividades que nunca has hecho por miedo.

. . . .

. . . .

. . . .

. . . .

. . . .

. . . .

. . . .

. . . .

. . . .

. . . .

. . . .

. . . .

. . . .

LISTA DE...

Cosas que siempre has querido cambiar de ti mismo.

. . . .

. . . .

. . . .

. . . .

. . . .

. . . .

. . . .

. . . .

. . . .

. . . .

. . . .

. . . .

. . . .

LISTA DE...

Características que más te gustan de ti mismo.

. . . .

. . . .

. . . .

. . . .

. . . .

. . . .

. . . .

. . . .

. . . .

. . . .

. . . .

. . . .

. . . .

LISTA DE...

Adjetivos con los que suelen definirte tus familiares y amigos.

. . . .

. . . .

. . . .

. . . .

. . . .

. . . .

. . . .

. . . .

. . . .

. . . .

. . . .

. . . .

. . . .

LISTA DE...

Mejores consejos que te han dado nunca.

LISTA DE...

Cosas por las que te gustaría ser recordado.

. . . .

. . . .

. . . .

. . . .

. . . .

. . . .

. . . .

. . . .

. . . .

. . . .

. . . .

. . . .

. . . .

LISTA DE...

Los mejores recuerdos con tu padre.

. . . .

. . . .

. . . .

. . . .

. . . .

. . . .

. . . .

. . . .

. . . .

. . . .

. . . .

. . . .

. . . .

LISTA DE...

Los mejores recuerdos con tu abuelo.

. . . .

. . . .

. . . .

. . . .

. . . .

. . . .

. . . .

. . . .

. . . .

. . . .

. . . .

. . . .

. . . .

LISTA DE...

Cosas en las que nos parecemos.

. . . .

. . . .

. . . .

. . . .

. . . .

. . . .

. . . .

. . . .

. . . .

. . . .

. . . .

. . . .

. . . .

LISTA DE...

Cosas en las que te pareces a tu madre.

1 . . . .

2 . . . .

3 . . . .

4 . . . .

5 . . . .

LISTA DE...

Cosas en las que te pareces a tu padre.

1 . . . .

2 . . . .

3 . . . .

4 . . . .

5 . . . .

LISTA DE...

Cosas en las que te pareces a tu abuela.

1 . . . .

2 . . . .

3 . . . .

4 . . . .

5 . . . .

LISTA DE...

Cosas en las que te pareces a tu abuelo.

1 . . . .

2 . . . .

3 . . . .

4 . . . .

5 . . . .

LISTA DE...

Cosas que te arrepientes de no haber preguntado a tu abuelo.

. . . .

. . . .

. . . .

. . . .

. . . .

. . . .

. . . .

. . . .

. . . .

. . . .

. . . .

. . . .

. . . .

LISTA DE...

Los momentos y recuerdos más felices conmigo.

LISTA DE...

Motivos por los que me admiras.

. . . .

. . . .

. . . .

. . . .

. . . .

. . . .

. . . .

. . . .

. . . .

. . . .

. . . .

. . . .

. . . .

LISTA DE...

Cosas que crees que me falta por aprender.

. . . .

. . . .

. . . .

. . . .

. . . .

. . . .

. . . .

. . . .

. . . .

. . . .

. . . .

. . . .

. . . .

LISTA DE...

Cosas que podría hacer por ti y que te harían más feliz.

. . . .

. . . .

. . . .

. . . .

. . . .

. . . .

. . . .

. . . .

. . . .

. . . .

. . . .

. . . .

. . . .

LISTA DE...

Cosas que te gustaría mejorar de nuestra relación.

. . . .

. . . .

. . . .

. . . .

. . . .

. . . .

. . . .

. . . .

. . . .

. . . .

. . . .

. . . .

. . . .

LISTA DE...

Cosas que deseas para mi.

. . . .

. . . .

. . . .

. . . .

. . . .

. . . .

. . . .

. . . .

. . . .

. . . .

. . . .

. . . .

. . . .

LISTA DE...

Cosas que te gustaría decirme y que nunca me has dicho.

. . . .

. . . .

. . . .

. . . .

. . . .

. . . .

. . . .

. . . .

. . . .

. . . .

. . . .

. . . .

. . . .

Hasta aquí tu parte.

Espero que hayas disfrutado recordando. Ahora me toca a mi escribir sobre ti y sobre nuestra relación para finalizar este regalo tan especial.

Puedes pegar alguna de nuestras mejores fotos aquí.

Gracias Abuelo.

Nuestra mejor foto

Llegar a ser

un

abuelo

es disfrutar de uno de los pocos

PLACERES

de la vida para el que ya se han
pagado las consecuencias...

Robert Brault

Yo

Los momentos más

Felices

de tu vida son los que pasas en tu hogar
cerca de tu

FAMILIA

Thomas Jefferson

LISTA DE...

Cosas en las que nos parecemos.

LISTA DE...

Mis primeros recuerdos contigo.

. . . .

. . . .

. . . .

. . . .

. . . .

. . . .

. . . .

. . . .

. . . .

. . . .

. . . .

. . . .

. . . .

LISTA DE...

Los momentos más felices contigo.

. . . .

. . . .

. . . .

. . . .

. . . .

. . . .

. . . .

. . . .

. . . .

. . . .

. . . .

. . . .

. . . .

LISTA DE...

Motivos por los que te admiro.

. . . .

. . . .

. . . .

. . . .

. . . .

. . . .

. . . .

. . . .

. . . .

. . . .

. . . .

. . . .

. . . .

LISTA DE...

Preguntas que nunca te he hecho y que me gustaría hacer.

. . . .

. . . .

. . . .

. . . .

. . . .

. . . .

. . . .

. . . .

. . . .

. . . .

. . . .

. . . .

. . . .

LISTA DE...

Cosas que me gustaría aprender de ti.

1 . . . .

2 . . . .

3 . . . .

4 . . . .

5 . . . .

LISTA DE...

Cosas que creo te puedo enseñar.

1 . . . .

2 . . . .

3 . . . .

4 . . . .

5 . . . .

LISTA DE...

Cosas que podría hacer por ti y que te harían más feliz.

. . . .

. . . .

. . . .

. . . .

. . . .

. . . .

. . . .

. . . .

. . . .

. . . .

. . . .

. . . .

. . . .

LISTA DE...

Cosas que deseo para ti.

. . . .

. . . .

. . . .

. . . .

. . . .

. . . .

. . . .

. . . .

. . . .

. . . .

. . . .

. . . .

. . . .

y por último decirte que...

. . . .

. . . .

. . . .

. . . .

. . . .

. . . .

. . . .

. . . .

. . . .

. . . .

. . . .

. . . .

. . . .

Mi
abuelo

siempre decía que el mayor regalo
era la salud,
yo sonreía pero por dentro,
siempre pensé que el mejor

REGALO
era él.

LISTA y LISTO

Este libro es una creación de
Listaylisto Ediciones

Hazme una lista Abuelo
ISBN 978-1545202548
©Listaylisto
Mayo 2017
www.listaylisto.es
hola@listaylisto.es